ロンド

ハフナー・セレナーデより

Bearbeitet von
Fritz Kreisler

Rondo
aus der Haffner-Serenade

Wolfgang Amadeus Mozart
1756—1791

©1913, Schott Musik International GmbH & Co. KG, Mainz
for all countries except U.S.A., Mexico and Canada.

Music for Stringed Instruments

SJS-002
Vn./Pf.

W. A. Mozart
RONDO

aus der Haffner-Serenade
für Violine und Piano

W. A. モーツァルト

ロンド
［ハフナー・セレナーデ］より

Bearbeitet von Fritz Kreisler
フリッツ・クライスラー────編曲

SCHOTT JAPAN

Violine

ロンド

ハフナー・セレナーデより

Bearbeitet von
Fritz Kreisler

Rondo
aus der Haffner-Serenade

Wolfgang Amadeus Mozart
1756—1791

©1913, Schott Musik International GmbH & Co. KG, Mainz
for all countries except U.S.A., Mexico and Canada.

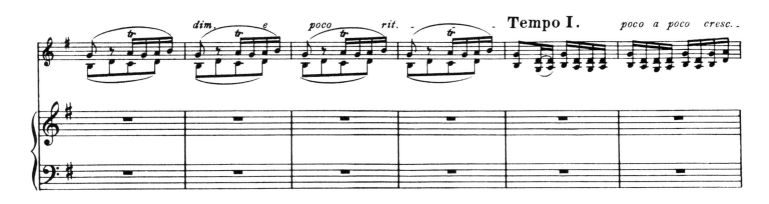